AF497986

EXPLICATION SOMMAIRE

DU

PLAN ET VUE DE LYON

SOUS LES GAULOIS, LES RHODIENS ET LES ROMAINS.

1. LUGUDUNUM, ville celtique ou ségusienne des Gaulois.
2. Ville des RHODIENS, sous leur prince MOMORUS.
3. Forêt de chênes et de hêtres, d'où sortent des sangliers.
4. Autel druidique, au milieu de la forêt, devant laquelle s'agenouille un Druide sacrificateur.
5. Confluent d'Anas ou Enès, mots celtiques (l'île, voyez César, *de Bello Gallico*) : de là, l'origine du nom d'Ainay.
6. Repas gaulois dans l'île d'Ainay : on voit sur la table un service d'une hure de sanglier si commun alors.
6 bis. Mariage gaulois druidique, au quartier de *Serrein* ou du barrage des rochers, qui unissent les deux coteaux.
7. Momie d'un chef de Druides avec sa coupe sur la poitrine, et à côté est placé son bâton pastoral, d'après

1846

une de leurs médailles antiques, et sur *l'original* en terre *cuite*, remis par l'auteur **au Musée** de Lyon.

8. Temple d'Isis au bas méridional du **rocher de** Pierre-Scise.

9. Temple de Vénus près du **Forum... Le tronc de** la belle statue en marbre blanc de cette déesse, avec colliers de perles, a été découvert dans le fossé nouveau d'enceinte de Fourvières, et a été porté au Musée en septembre 1846, sur les instances réitérées de l'auteur à qui on l'offrait.

10. Autel d'Auguste, placé au lieu même d'Ainay; un pont de pierre communiquait naturellement avec la ville grecque, sise au quartier St-Georges.

11. Temple en plein air de Mercure, non loin du lieu qu'occupe Notre-Dame de Fourvières.

12. Statue du dieu *Anubis*, idole à tête de chien, de la fidélité, apportée par Brennus, vainqueur de l'Egypte et des Grecs, et qui fut placée sur le quai de la *Chana* au quartier des Tisserands, où dernièrement des débris de Mosaïque ont été trouvés... Et des deux mots celtiques, *Chana*, boutiques des *Tisserands*, et d'*Anubis*, ces tisserands étant adorateurs de ce dieu, on a formé le mot latin *Canabis*, *Canubis*, et peut-être de là *Canus*, vieux nom générique donné aux *tisseurs* à navette de toutes sortes d'étoffes de fils ou de soie.

13. Temple aérien d'Hercule à la massue; d'où viendrait probablement le nom du lieu des Massues. Un auteur dit, à cet égard, que des massues herculéennes y ont été découvertes en y bâtissant.

On trouve encore dans ce quartier beaucoup de ruines... Il est probable que c'était là qu'était l'an-

3

tique Ségusia. Quelques Géographes l'appel ent *Tau-*
rodunum, et la placent même sur le versant du coteau St-Clair ; elle aurait été engloutie à la suite d'un
tremblement de terre, arrivé vers la fin du Bas-
Empire.

14. Palais du Forum construit par les ordres de Trajan,
d'où est venu le nom latin de *Forum Trajanum*; il fut
construit l'an 100 de Jésus-Christ, à l'instar de celui de Rome, mais il fut placé un peu plus bas que
le *Forum Vetus* ou plutôt de *Vénus*, qu'éleva Drusus
à côté de son palais, où un marché public avait lieu
tous les vendredis (*dies Veneris*), jours consacrés à
Vénus. Le Forum de Trajan abandonné au Moyen-Age
a croulé de vétusté l'an 840 de J.-C.

L'auteur en a retrouvé quelques corniches dans les débris du vieux Pont-de-Pierre; il a demandé en vain,
que l'une d'elles, qui a dû servir d'angle méridional
bien caractérisé, fût déposée eomme type de l'époque
au Musée Lapidaire....

15. *Lône* ou canal du Bessard, dit de Marius, régularisé
sous le consul Marius II, Préteur du Bas-Empire,
qui le fit canaliser à écluse et descendre au Rhône
sur l'emplacement méridional des Terreaux... Sur ce
canal, un pont communiquait des Chenevières de
Serin à l'abbaye des Dames de St-Pierre ; là, une de
ses arches a été découverte en reconstruisant le Palais abbatial actuel

Le Rhône, qui figure près de Neptune assis sur un
lion, montre seulement le bras droit du fleuve, le
bras gauche n'étant pas visible sur ce plan, car il se
séparait réellement près de Villeurbanne, au bas des

trois *Mollarts* sur *Vaux* et Dessine , pour venir se réunir enfin vers *Pierre-Bénite,* devant l'extrémité de Bèchevelin.

16. Ces Aqueducs venant par St-Irénée, de Chaponost, etc., amenaient en tortueux contours les eaux à *Lugudunum.* Ils se liaient encore à celui du haut plan de Vaise , de Couzon et d'autres lieux, ainsi que l'auteur s'en est assuré.

La nuée de corbeaux qui voltigent au dessus des Aqueducs, indique assez qu'il y avait souvent dans le voisinage des débris sanglants des victimes immolées par les Druides sur leur barbare autel, ce qui les attirait. Ces oiseaux de proie rappellent aussi l'arrivée des Rhodiens qui virent alors une quantité de corbeaux prendre leur vol de bon augure vers la gauche, et prirent ce lieu comme celui qu'un oracle leur désignait pour s'y fixer.

17. Tombeau des deux Amants, qu'on a cru long-temps être celui du roi Hérode et d'Hérodiade, exilés à Lyon, et qu'on a démoli en 1704 , dans l'espoir de trouver à l'intérieur quelques indices historiques sur la cause de son érection, soit encore pour élargir la route royale qu'il partageait sur la place des Deux-Amants ; mais rien ne put éclaircir ce sujet intéressant. On crut enfin trouver quelque explication sur une pierre tumulaire du voisinage où l'on ne put lire que ces mots : *Amandus , Amanda...* On trouve bien dans les légendes et bréviaires du Moyen-Age un évêque *Amandus* et sa sœur *Amanda,* qui fut aussi religieuse et qui furent, à ce qu'on présume, inhumés ensemble. A cet égard, on se perdrait vainement en conjectures.

Mais l'inspection des lieux , la forme et le genre du monument, montrent assez dans son architecture les premières années du beau siècle d'Auguste ; il nous faut donc chercher une cause dont le fait et la date soient plus raisonnables ; on la trouve dans un témoignage de la vive reconnaissance des *Lyonnais* envers *Agrippa* leur bienfaiteur , puisque c'est lui qui a fait.couper par ses légions , le rocher de Pierre-Scise , et a rendu la Saône plus navigable en faisant disparaître le Saut , et en créant et centralisant à Lyon les quatre grandes Voies romaines des Gaules , dont l'une vint passer au bas même du rocher , sous la voûte qu'il y fit creuser dans la pierre vive , et qui fut minée et démolie de 1793 à 1794.

On trouve enfin plusieurs médailles d'Agrippa frappées en son honneur à Lyon avec son portrait et cette légende: «M. P. L. Agrippa, trois fois Consul,» et au revers de quelques-unes on voit une *ancre* et un *caducée,* avec une corne d'abondance, emblème de la protection qu'il donnait au Commerce et à la Navigation. Il avait d'ailleurs été fait Intendant spécial des Eaux, Aqueducs et Grandes Routes , indépendamment de ses fonctions de Préteur et de Préfet des Gaules. Sa modestie probablement n'aura pas permis d'y placer un autel ni même une inscription louangeuse, ou il faut dire qu'elle en a été arrachée et brisée lors du saccagement de l'empereur Sévère , compétiteur d'Albin, ou plus tard, dans les irruptions des Barbares ; il est cependant permis de dire avec quelque probabilité, que le beau médaillon en terre cuite d'Agrippa, que l'on voyait au temps de Ménestrier plaqué contre la

maison de l'angle méridional de la rue des Souffle-
tiers et du quai Villeroy, lui avait appartenu, et qu'il
aura disparu ou été enfoui lors de l'exhaussement du
quai et d'un parapet très-massif qu'on opposa comme
digue au courant de la Saône, refoulée de ce côté, par
le comblement du quai romain, qui longeait le local
actuel de la loge du Change et de l'Aqueduc de la rue
du Bœuf, qui alimentait la Fonderie romaine des cuivres
du Lyonnais.

Si l'on considère enfin l'origine du mot Aman, on la
trouve dans la langue celtique, parlée à l'époque romaine et conservée en partie dans le patois lyonnais.
Ce mot signifie *torrent* rapide etc. Comme il y avait
probablement deux crevasses, fissures ou arrachements
faits par la pression de l'eau battante du Lac, on aura,
par fiction et par ignorance, personnifié deux amants
qui s'unissaient et mouraient ensemble confondus au
bas de la Cascade.

18. Lieu du Saut et Cascade de la Saône à sa sortie de
Vaise.

Ce faubourg ne tire point son nom de la vase qu'y dépo-
sait l'*Arar* ou Saône, mais bien plutôt du temple
d'Isis, aux mystères de laquelle, quantité de Lyonnais
étaient initiés : Iseron, Isigny ou Irigny adoraient
Isis. En Bugey (Ain), à Isernore, elle avait un temple;
Isinave tirait son origine d'Isis et du navire qui la fit
voyager ; cette ville ruinée, qui n'est plus qu'un
bourg, prétendait conserver son vaisseau de voyage,
et Lyon avait sans doute aussi gardé le vase que cette
Déesse tient à la main, et que l'auteur a placé au faîte
de son temple pour le mieux caractériser ; cette Déesse

porte aussi à la mamelle son fils *Ormus*; elle était très-vénérée des Gaulois qui attendaient, d'après leurs Sibylles et leurs Druides, une Vierge qui devait enfanter un Fils, Sauveur du genre humain. L'antique église de la Platière avait été probablement un temple de cette déesse, comme *Parthenope* ou Naples eut le sien si célèbre en Italie, et la grande Diane à Syracuse: d'où les Lyonnais ont tiré la leur qui fut apportée par un de leurs rois Aruns ou Arus. On trouve à Lyon quelques médailles celtiques avec une Diane et le nom d'*Arus* au bas....

Le nom d'Arar vient probablement d'Araus ou Arus qui, en celtique, signifie bon, doux, paisible. Ainsi le mot Saône ne viendrait pas, comme on le croit, de *sanguis* et des torrents de sang qui coulèrent de St-Just à la Saône, qui en aurait été teinte et grossie, à son issue de St-Just, par la montée rapide du Gourguillon, pendant l'égorgement de plus de 19,000 martyrs de tout sexe et de tout âge, sous les ordres du cruel Sévère, le vrai tyran de la Gaule... Toutefois, sans vouloir discuter si le sang a pu ou non se figer en chemin, nous avons consigné le fait historique des Martyrs, mais quant au mot Saône, nous en trouvons l'origine celtique dans le mot *Saonen* ou Saut du canal étroit de la rivière de l'*Arar* paisible.

Nous reconnaîtrons ce fait à l'inspection et à la forme pentive de la coupe de la roche qu'on retrouve dans la Saône jusqu'au port des *Pattes*, au milieu même de son lit. Ces faits divers ont fait naturellement soupçonner la continuité du rocher et sa liaison intime avec celui du fort St-Jean et de sa suite, du quai St-

Benoît à Serin, dont le nom celtique signifie barrage, fort inexpugnable.

Or, cette origine et cette définition de mots peuvent-elles mieux convenir qu'à cette systématique et si naturelle explication que nous offrons à nos lecteurs.

19. Pierre milliaire romaine sur la route gauloise du Forum, de Lyon à Vienne par Solaize, qu'on trouve placée dans les vieux plans de Lyon, entre la barrière de St-Georges et celle de St-Just. La 16ᵉ borne devait être sur la place du vieux *Forum Veneris*.

20. Chemin d'Agrippa construit sur les fortifications et redoutes gauloises, au travers du bois sacré des Druides. A l'entrée et contre la Tour celtique est le temple fermé de Priape, dieu des Jardiniers, et qui est devenu celui de la débauche.

Beaucoup de lampes de ce genre, qu'on retrouve dans les fouilles, s'y allumaient à côté de profanes et indécents ex-voto du grossier paganisme.

A côté est le lieu de *Montauban* ou des *Moulins* à vent, à l'usage des Ségusiens épars ou moissonneurs de la campagne de Lugudunum ou Lyon, qui s'étendait jusqu'à Pierre-Scise et au château de Montribloux au versant ouest de Vaise.

Les Ségusiens *Arunais*, dévots à Diane et à Isis, s'étaient fixés du côté opposé et au bas des Chartreux où était une large Citadelle en forme de tour, au lieu élevé de l'Eglise des Chartreux où habitait le prince des Druides, au-dessus du bois de Diane qui devait se prolonger jusqu'à la place du Couvent de la Déserte, actuellement place de Sathonay.

21. Citadelle aux six-tours, construite à Ainay pour proté-

ger au midi surtout la *Ville* opulente des *Grecs* et l'*Autel* d'Auguste, ainsi que les *villa* éparses, contre les surprises des Suisses et des Allobroges qui avaient déjà pillé, ruiné et incendié le bourg de l'île pendant l'absence de César, alors parti pour l'Italie.

Là, paraissent sur le plan de l'île quelques maisons nouvelles, etc.

22. Médaillon du savant auteur, le prince Germanicus, fils de Drusus et d'Antonia, né à Lyon l'an 27 de l'agrandissement de *Lugudunum* par le consul et colonisateur Munatius Plancus, et 15 ans avant l'Ère chrétienne. Il fut deux fois consul, eut le commandement des légions de l'Empire, 1° dans les Gaules, sous l'ombrageux Tibère qui l'adopta. Il passa le Rhin et vengea les légions de Varus, victimes des Bructères dans la forêt de Teutberg; 2° en Asie, victorieux des Barbares : il périt empoisonné, à Antioche, par Pison, peut-être parce qu'il avait été salué deux fois par l'armée du titre d'*Empereur* victorieux que sa modestie refusait.

23. Médaillon de Claude, fils de Drusus, empereur des Romains, né au palais impérial de Fourvières, 5 ans après Germanicus son frère, le jour de la dédicace de l'Autel d'Auguste.

Ce fut lui qui, dans un mémorable Discours au Sénat romain fit la demande pour Lyon, sa patrie, de lui accorder le droit et les priviléges des villes municipales. Les Lyonnais reconnaissans gravèrent sur des tables de bronze le Discours qu'il fit en leur faveur. Deux de ces Tables ont échappé an vandalisme de l'empereur Sévère, et ont été découvertes en creusant un *réservoir* en 1528 , rue des Tables Claudiennes, côte St-Sébastien.

24. Médaillon du consul Munatius Plancus qui, pendant son gouvernement prétorial dans les Gaules, fut chargé par le Sénat qui le craignait, de fonder une *colonie* romaine à Lugudunum et d'y fixer celle de Vienne qui avait soulevé plusieurs fois la haine et la jalousie des indomptables Allobroges , qui venaient de ruiner la ville de Vienne elle-même.

25. Marcus Agrippa L. F., qui fut trois fois Consul , et en qualité de Préfet des Gaules rendit de grands services aux Lyonnais, qu'il protégea : aussi le Commerce et l'Agriculture lui donnèrent-ils par acclamation le nom celtique d'*Agrippa, père de l'agriculture*, et ils voulurent lui ériger ce petit temple, appelé depuis par l'ignorance du Moyen-Age , monument des deux *Amants*. (Voyez n° 17.)

26. Phare placé vers la hauteur méridionale de *Gorge-de-Lough*, qu'on ne voit pas sur ce plan ; celui-ci était donc près de *Pierre-Scise*, pour éclairer la navigation contre les écueils, et l'un des ports du lac, ou *entrée* de l'*eau* ou du *Saut*. Là, suivant les crues de l'*Arar*, les eaux s'élevaient où s'abaissaient derrière le rocher et dans la vallée. Aussi dans les fouilles qu'on fait journellement dans ces localités, surtout les maçons et les *puisatiers* y trouvent des terres glaises à trois mètres de profondeur , vrais attérissements qu'ont déposés les eaux; on y trouve encore des poudingues, des bois travaillés, du noyer, du hêtre, des ferrures, des broussailles ou gaules et des huitres,

du sablé et des coquilles qu'on ne trouve que dans le lit de la Saône.

27. Un des hameaux ou bourgades des colons romains qui se sont établis au bas du barrage de *Serrein* (Serin).

L'autre partie, qui est la principale de la ville romaine, ne pouvant paraître sur cette planche 1re où ne sont que des Chenevières et broussailles, on la trouve dans la 2e planche où paraît le quartier et le Bois Sacré du jardin actuel des Plantes et des Capucins. On y voit près d'un Neptune Rhodien une ruche, emblème de l'activité industrielle et libre des habitants de la 3e partie de Lyon, dite Lugudunum, au bas du coteau de la Croix-Rousse.

28. Tracé indiquant par les deux lignes ponctuées l'espace qu'occupe à vol d'oiseau le lac de Vaise et celui de Roche-Cardon dont l'entrée était redoutée des Nautonniers; aussi le petit phare qu'on y voit à côté de ces roches, y fut construit pour éclairer et guider les arrivages. Au XIVe siècle, ces mêmes dangers existaient encore et un seigneur de Roche-Cardon, André d'Amphesia, obtint de l'archevêque Burchard, Comte souverain de Lyon, par une charte du 29 avril 1014, le droit de percevoir une rétribution des patrons qui arrivaient avec des barques chargées, soit au port de Gorge-de-Lough, de Lyon ou aux autres ports de la Chana et du Bessard, mais il devait entretenir la lumière du Phare et un corps-degarde toutes les nuits, et améliorer l'entrée périlleuse du lac de Roche-Cardon, etc.

Enfin MM. les lecteurs sont priés de n'avoir pas trop de rigueur pour les proportions des monuments de ce plan et des trois vues secondaires de ce Panorama, son but principal étant de fixer les regards des curieux sur quantité de faits et d'objets historiques inouis et inédits jusqu'à ce jour. Il espère qu'on lui saura quelque gré d'un minutieux et long travail assez intéressant dans ses détails et dans son but. Heureux si sa pertinace persévérance a pu surmonter les mille difficultés qui suivent trop souvent des entreprises historiques de ce genre.

L.-M. PERENON.

LUGD.